Mai 1871

LES

MARTYRS DU CALVAIRE

DE LA RUE HAXO

Par Eug. CRÉPIN

Auteur du récit : **La Nuit d'un Otage**

OTAGE CIVIL ET COMPAGNON DE CAPTIVITÉ DE Mgr DARBOY

PRISONS
{ **Au Dépôt,** du 2 au 9 mai 1871
{ **A Mazas,** du 9 au 23 mai 1871
{ **A la Roquette.** Condamné à mort le 23 mai,
transféré le même jour à la Roquette, et évadé le 27 à 4 h. 1/2 du soir

Deuxième édition

AVEC RENSEIGNEMENTS INÉDITS

PARIS

LES
MARTYRS DU CALVAIRE
DE LA RUE HAXO

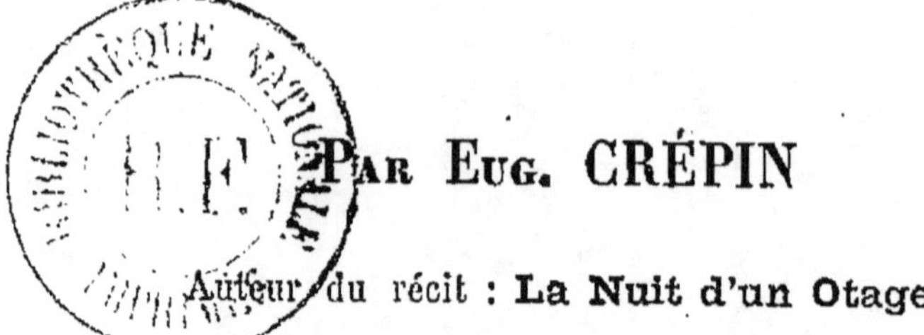

Par Eug. CRÉPIN

Auteur du récit : **La Nuit d'un Otage**

OTAGE CIVIL ET COMPAGNON DE CAPTIVITÉ DE Msʳ DARBOY

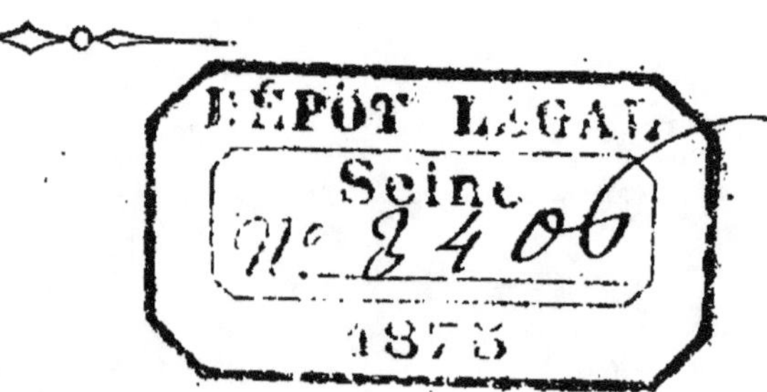

PARIS

TYPOGRAPHIE LAHURE

9, RUE DE FLEURUS, 9

—

1875

LES

MARTYRS DU CALVAIRE

DE LA RUE HAXO.

Un des épisodes les plus sanglants de la Commune a donné une réputation malheureusement trop célèbre à la rue Haxo, et un grand nombre de Français et d'étrangers de toutes les nations sont venus visiter depuis quatre ans la propriété où furent massacrées *cinquante-deux* innocentes victimes des fureurs de la multitude.

Ce crime inqualifiable a jeté, non-seulement sur la rue Haxo, mais encore sur tout Belleville, une espèce de réprobation funeste, dont les habitants du quartier, artisans ou commerçants, sont les premières victimes, et maudissent tous les jours la mémoire des assassins qui les ont rendus, pour ainsi dire, solidaires de leur crime infâme[1].

Or, moi aussi j'ai été otage de la Commune, et sans l'arrivée, le 27 mai, de l'armée régulière, je devais être amené, avec mes autres compagnons de captivité, prêtres, sergents de ville et gendarmes,

---

1. On peut dire de Belleville qu'il a usurpé sa mauvaise réputation, car, dans tous les conseils de guerre, on n'a pas trouvé six coupables nés à Belleville ou y demeurant depuis quelques années.

nous devions être amenés, dis-je, au même endroit pour y subir le même sort, ainsi que je l'ai relaté dans *la Nuit d'un otage* (2e partie, page 23).

C'est en cette qualité que j'ai cru devoir un souvenir à ceux que j'avais connus sous les verrous.

Quelque temps après les troubles, et le jour de l'inauguration du Cercle catholique d'ouvriers de la rue Levert, je vins en compagnie de M. le vicomte Paul Benoît d'Azy et de sa dame, de M. le comte Albert de Mun et de M. l'abbé Carré, vicaire à Belleville, et mon ancien voisin de cellule à la Roquette, visiter le lieu du massacre ; je parcourus les environs, je pris des informations partout, et je résolus de relever la situation morale de ce quartier et, dans mes faibles moyens, de faire un peu de bien là où se commit tant de mal.

Avec l'assentiment de l'ancien propriétaire de l'immeuble, je vins m'y installer pour faciliter mon œuvre.

Les personnes qui depuis quatre ans ont visité la propriété où fut perpétré ce crime inouï dans les fastes de l'histoire moderne, et qui la visiteront de nouveau, y trouveront un grand changement.

Le nouvel acquéreur de ce terrain, reconnaissant les efforts que j'avais faits jusqu'à ce jour pour ne pas laisser tomber dans l'oubli la mémoire et les noms de mes frères et amis massacrés, a bien voulu me laisser continuer l'œuvre que j'avais commencée, et aujourd'hui, cette propriété, qui naguère était inhabitée et paraissait frappée d'ostracisme, est louée entièrement, sauf le parc et l'endroit du massacre qui sont consacrés à l'élévation d'un monument expiatoire qui va y être érigé cette année ; enfin, la physionomie de ce lieu et du quartier a changé, la vie y règne, et loin d'être un foyer incendiaire, comme malheureusement beaucoup d'esprits frappés sont encore portés à le croire, c'est au contraire un des quartiers les plus honnêtes et les plus tranquilles de l'ancienne banlieue de Paris.

Depuis deux ans que j'habite la propriété dite des Otages, j'ai pu, avec des renseignements nouveaux et ceux que j'ai réunis depuis quatre ans que je poursuis mon idée, reconstruire avec la plus scrupuleuse vérité, et en m'appuyant sur des témoignages dignes de foi, le *Chemin du Calvaire* suivi par cinquante-cinq de nos malheureux camarades de captivité.

Ainsi que je l'ai dit dans *la Nuit d'un otage*, déjà citée, le 26 mai 1871, vers quatre heures du soir, on fit descendre dans la grande cour de la Roquette, des prêtres, des gendarmes, des sergents de ville et quelques civils, en tout quatre-vingts à quatre-vingt-dix personnes environ [1], pour les fusiller; mais craignant qu'un aussi grand nombre d'hommes ne veuille pas se laisser mener à la mort comme un troupeau de moutons, on fit malheureusement remonter les sergents de ville : je dis malheureusement, parce que indubitablement, et je le tiens d'eux-mêmes, ces hommes énergiques, habitués aux us et coutumes de la populace, se trouvant en nombre avec les gendarmes, se seraient révoltés contre leurs bourreaux, ce qui, bien sûrement, eût changé la face des choses.

On avait dit à ces malheureux qu'ils allaient être mis

1. Ainsi que peuvent l'attester beaucoup d'otages, entre autres : M. l'abbé Perny, des Missions étrangères ; MM. Lamazou et Carré, prêtres, otages de la 3ᵉ section ; MM. Cuénot, brigadier, et Rougé, sous-brigadier de sergents de ville ; Renaud, Kœnig et Soissong, sergents de ville, Walbert, otage civil, et tant d'autres.

en liberté; quelques gendarmes avaient sac au dos; la plupart portaient leurs effets dans leurs mouchoirs.

Jusque-là, les assassins n'étaient pas bien fixés sur l'endroit où ils voulaient conduire leurs victimes, fatalement vouées à la mort.

On leur fit monter la rue de la Roquette jusqu'au cimetière du Père-Lachaise : un homme à cheval précédant le cortége alla prévenir les ouvriers de la grande fabrique d'eau de seltz du boulevard, qu'on amenait enfin des calotins et des gendarmes pour les fusiller; un attroupement considérable, composé en grande partie de femmes et d'enfants, se forma aussitôt en criant : Mort aux gendarmes! Mort aux curés!... Puis des cris : Fermez vos fenêtres! Fermez vos fenêtres! poussés par les gardes nationaux.

En tête du cortége se faisait remarquer une cantinière à cheval, coiffée d'un képi, et escortée d'un officier : tambours et trompettes sonnant une marche de chasseurs; derrière eux un peloton de gardes nationaux, puis les otages, les gendarmes, puis les prêtres et les civils, flanqués d'une double file de fédérés armés et les armes chargées. Un autre peloton de fédérés fermait la marche, puis la foule enfiévrée, haletante, insultant aux victimes et demandant à grands cris la mort des otages.

Arrivé à la barricade de la rue des Amandiers, qui était fortement occupée par les communards, l'officier qui était à la tête de l'escorte demanda un renfort au nommé Devarennes, commandant du 174ᵉ bataillon, qui lui donna quelques hommes sous la conduite d'un capitaine. On suivit le boulevard de Ménilmontant jusqu'à la rue du même nom, qu'on monta jusqu'à la rue Puébla, et plus le cortége avançait, plus la bande se recrutait de gens sans aveu et armés, hommes, femmes, vieillards et enfants à figures sinistres, de gens échappés des bagnes, rebut de toutes les classes et de toutes les nations.

On continua la rue Puébla jusqu'à la rue des Rigoles, que l'on prit à droite ; la foule devenait de plus en plus compacte et menaçante, vociférant toujours des menaces de mort contre les prisonniers et les accablant des outrages les plus sanglants.

Le citoyen Ranvier [1], maire de Belleville à cette époque de sinistre mémoire, appuyé sur la grille de l'église, et les mains derrière le dos, avait envoyé un de ses acolytes donner ordre au commandant de l'escorte, qui était à cheval en tenue d'officier garibaldien, de faire entrer les otages à la mairie de Belleville, et qu'il leur accordait un quart d'heure pour écrire à leurs familles ou faire leur testament.

Ils pénétrèrent dans cet édifice par une porte de derrière donnant sur la rue des Rigoles, et y restèrent environ vingt minutes, pendant lesquelles on entendit plusieurs coups de feu, probablement l'exécution de quelques-uns d'entre eux.

En effet, lorsque le dimanche 28, à 9 heures du matin, M. Arnoult, dont il sera parlé plus loin, se présenta à la mairie de Belleville, il fut accosté par la concierge qui l'informa que trois hommes avaient

---

1. Le lendemain 27 mai, sur le midi, Ranvier, après avoir déjeuné chez M. Hébrard, marchand de vins rue de Belleville, entra dans la cour du n° 139, maison Bertini, embrassa sa femme et ses enfants ; puis, s'adressant aux personnes présentes, il les engagea à aller prendre ce qui restait à la mairie de Belleville, disant qu'il leur donnait tout ; puis il montra son laissez-passer prussien ainsi que l'or et l'argent qu'il avait sur lui. « Quant à moi, dit-il aux assistants, j'abandonne la partie. » En effet, il sortit par la porte de Romainville et franchit les lignes prussiennes.

été fusillés le 26 mai, et leurs cadavres enterrés dans l'enceinte de la mairie, dans une petite ruelle, derrière l'église provisoire. M. Arnoult les fit exhumer plus tard et inhumer au cimetière de Charonne : ils furent reconnus, après les recherches qui furent faites par ordre de la préfecture de police, pour des otages de la Roquette.

Ils sortirent ensuite par la grille de la mairie donnant sur la rue de Belleville, et le maire, toujours dans la même position, dit au commandant du cortége : « Qu'on me conduise ça aux fortifications, et fusillez! » (*Textuel.*)

Déjà la colère paraissait monter à la tête des otages. Quand on fut à la hauteur de la rue Levert, la figure des soldats, sombre et énergique, parut faire impression sur le capitaine garibaldien qui, craignant une révolte de ses prisonniers, les appréhenda en ces termes : « Mes amis, je n'écouterai pas les ordres de Ranvier; vous devez passer en jugement et je vous conduirai au secteur; là, ceux qui seront reconnus n'avoir rien fait contre la Commune seront mis en liberté. »

Quelques naïfs crurent à ces paroles; d'autres, dans le doute, n'osèrent pas, par une révolte prématurée, compromettre la vie des prêtres qui se trouvaient avec eux [1]. Mal leur en prit, car si, à ce moment, ils eussent sauté sur leur entourage et qu'ils se soient emparés des armes des hommes ivres qui se trouvaient à leur portée, la population honnête du quartier, qui était exaspérée et frémissait d'horreur devant tant d'ignominies, leur eût ouvert ses portes pour les mettre à l'abri de la fureur de ces miséra-

1. Les chefs de la Commune avaient eu la précaution d'adjoindre des prêtres à des militaires, pour diminuer les chances de révolte de leurs prisonniers.

bles; on eût fait cause commune avec eux, au risque de ce qui aurait pu arriver; malheureusement aussi, il ne restait, comme dans beaucoup de quartiers de Paris, que des femmes, des enfants et des gens âgés.

Au n° 229, plusieurs personnes sortirent sur les portes pour s'enquérir de ce qui arrivait : « Où menez-vous ces soldats et ces prêtres? » dirent-elles. Un fédéré fit signe qu'on allait les fusiller; il y eut un cri de terreur. A une autre demande pareille, un autre garde répondit : « On va les envoyer au ciel! » Quelques gardes nationaux de l'escorte s'esquivèrent alors en jetant leurs armes et cherchant à arracher leurs insignes; mais ce fut le petit nombre. Quelques groupes de fédérés marchaient en avant, et criaient à la foule pour l'exciter et, pour ainsi dire, pallier leur crime : « Oui, mes amis, nous venons de les prendre sur les barricades où ils tiraient sur nos frères ! nous les avons faits prisonniers. »

Plus loin, un témoin oculaire, dont nous pourrions citer le nom au besoin, vit un fédéré déboucher de la rue Pelleport, à la hauteur du n° 240 de la rue de Belleville; cet homme se précipite sur le plus âgé des prêtres, le P. Rouchouze, âgé de près de quatre-vingts ans, vieillard vénérable à cheveux blancs, l'accable de coups de pied et veut le forcer à crier : *Vive la Commune!*

Parties des 172ᵉ, 173ᵉ et 174ᵉ bataillons étaient postées aux abords de la rue Haxo. Deux coups de fusil partent de leurs rangs sur les otages; mais ils visent trop haut, personne n'est atteint; deux hommes furent arrêtés comme ayant été imprudents.

La plupart des gens du quartier s'indignaient et ne pouvaient guère faire autre chose; ils disaient :

« Ça ne portera pas bonheur aux gardes nationaux par ici! Quel malheur pour Belleville! »

Ce triste cortége tourne à droite et s'engage enfin dans la rue Haxo. Les trompettes qui le précédaient, ivres comme le reste de la bande, faisaient le plus de bruit possible pour étouffer les autres bruits sans doute ; on s'arrêta un moment vis-à-vis un terrain à gauche où s'élevaient des baraquements qui avaient servi à l'administration des lits militaires sous le siége, et appartenant à M. Lévesque.

Mais on jugea cet endroit trop près de la rue de Belleville, lieu encore assez fréquenté, et on craignait des témoins importuns.

On se décida à pousser jusqu'au deuxième secteur, dont la propriété alors appartenait aussi à M. Lévesque, qui avait offert gracieusement son immeuble à la défense de Paris.

Ce secteur avait été commandé par le général Callier, sous le siége, et avait été occupé par la garde nationale et l'armée ; au 18 mars 1871, les chefs communards s'en étaient emparés et en avaient expulsé avec menaces le propriétaire qui avait voulu reprendre ses droits.

Le n° 88 de la rue Haxo, faisant face au secteur, était littéralement rempli de fédérés. Une charrette attelée est amenée au milieu de la rue, vis-à-vis le secteur. Un homme monte dessus, un drapeau rouge à la main, et harangue ainsi la foule : « Citoyens, le dévouement de la population mérite une récompense. Voici des otages que nous vous amenons pour vous payer de vos longs sacrifices!... » Et il termine par ces mots : «A mort! à mort! » qui sont couverts d'applaudissements et répétés par la foule.

Les officiers fédérés qui se trouvaient au secteur allèrent au-devant du cortége : il y avait là nombre d'officiers de toutes nuances, tous plus galonnés les uns que les autres, des fédérés en costumes divers et disparates, entourés d'une foule immonde et inconsciente de tous sexes et de tous âges.

Arrivés au n° 85, ils se firent ouvrir la grille de l'entrée principale, et quelques membres du fameux Comité central allèrent en avant et s'érigèrent en tribunal.

Parent, délégué de la Commune, fit semblant de ne pas vouloir laisser entrer la foule; il commanda à ses hommes de garder la grille par où devaient entrer les otages; mais cette multitude, avide de sang et de carnage et dont la fureur croissait à chaque instant en pressentant la fin de son règne, se précipita en avant et les déborda.

Un fédéré doué d'une force herculéenne, habillé en sous-officier d'artillerie, se tenait sur le seuil de la grille. Les prêtres entrèrent les premiers. A chacun d'eux qui passait il assenait un coup de poing formidable, en les accablant d'injures. M. Seigneret, jeune séminariste, eut une velléité de résistance : il s'élança pour protéger un prêtre âgé, et se tournant vers son agresseur, parut vouloir lui en imposer; mais il reçut un coup tellement violent, qu'il fut lancé à deux mètres de là, et sa tête alla rebondir sur l'angle d'appui de la fenêtre du concierge. Ces faits m'ont été attestés par Mme Monet, qui était concierge du secteur à cette époque et qui s'était réfugiée dans sa loge.

Cependant ils pénétrèrent tous dans l'enceinte, et là, nulle résistance n'était plus possible.

Ils arrivèrent en suivant le chemin AB[1], jusque sous le balcon du premier étage, qu'on peut voir

1. Voir le plan annexé.

encore en visitant les lieux. On les fit ranger sur deux rangs, face au mur : prêtres d'un côté, gendarmes de l'autre, puis les civils. Les chefs de la Commune, montés sur ce balcon, parodiaient un conseil de guerre.

Certes ce conseil devait être très-sérieux; car parmi les prisonniers, d'aucuns, entre autres le jeune Weiss, garde de Paris, avaient déjà passé devant la cour martiale à la Conciergerie et avaient été acquittés par ce conseil communard comme innocents de tout crime. Mais peu importait à ces hommes : il leur fallait des victimes, et ils n'y regardaient pas de si près.

Les membres de ce conseil improvisé ne savaient comment délibérer. De quoi accuser les prisonniers? Ils n'osaient pas commander l'exécution, ni ne pouvaient les absoudre.

Il y eut un moment d'hésitation très-prononcée, occasionnée surtout par l'attitude calme et résignée des victimes.

Quelques mots d'explication sont nécessaires pour faire comprendre la suite de ce récit.

Au bout du pavillon DD, dit de l'Horloge (*voir le plan*), se trouve un terrain vague qui était enclos par un petit mur à hauteur d'appui.

Ce fut là le lieu du massacre!

Adossé au mur qui longe la rue du Borrégo, se trouvait construit un hangar, sur le toit duquel étaient montés quelques gamins du voisinage, et parmi eux les nommés Pompon et Alfred Perrard, qui aujourd'hui sont des jeunes gens et dont l'esprit a été vivement frappé par l'horrible drame qui s'est passé sous leurs yeux, et de la bouche desquels je tiens en partie ces détails.

Nous disions donc que le conseil de guerre hési-

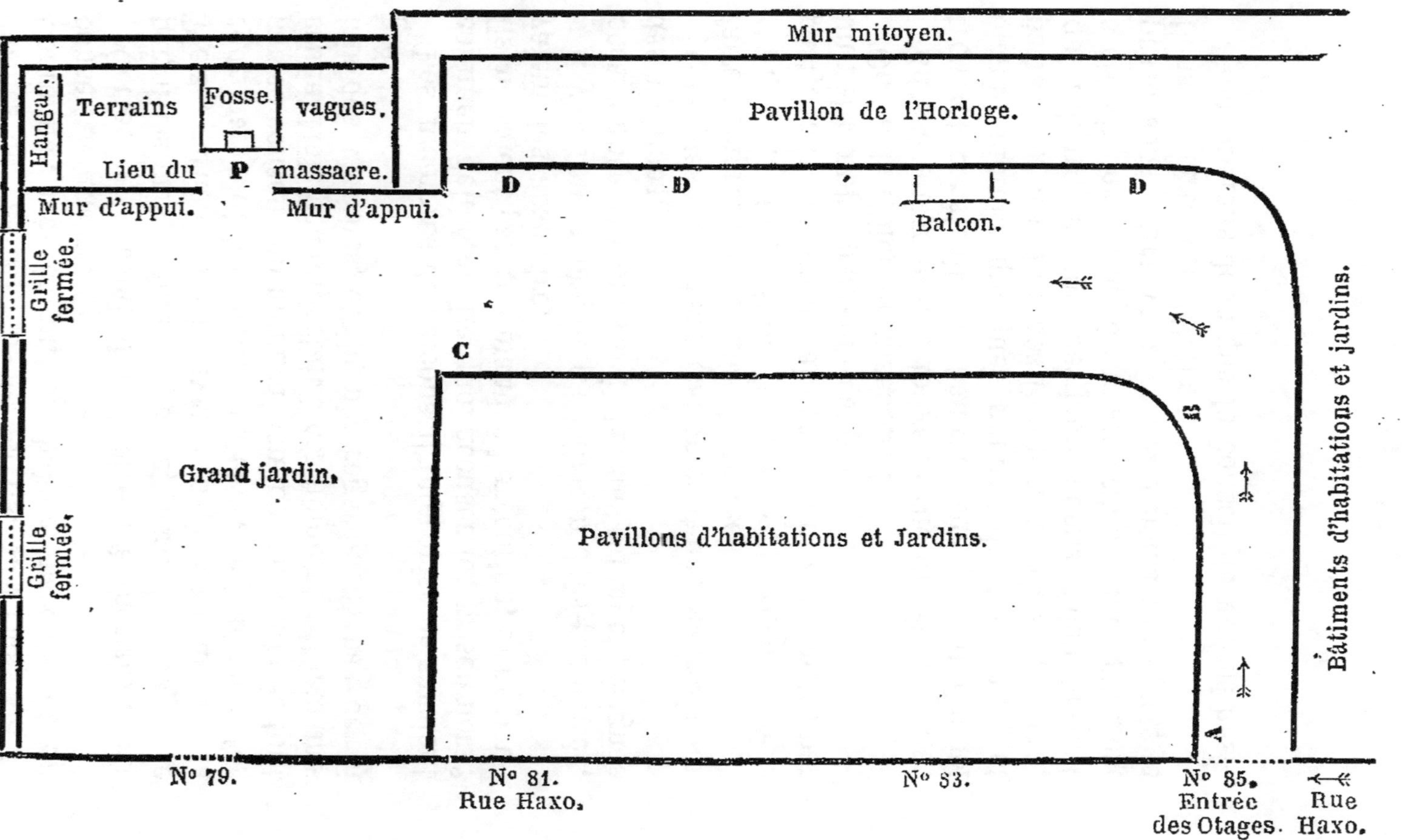

Mur mitoyen.
Pavillon de l'Horloge.
Hangar.
Terrains
Fosse
vagues.
Lieu du
P
massacre.
Mur d'appui.
Mur d'appui.
D
D
D
Balcon.
Rue du Borrego.
Grille fermée.
Grille fermée.
C
B
A
Grand jardin.
Pavillons d'habitations et Jardins.
Bâtiments d'habitations et jardins.
No 79.
No 81.
Rue Haxo.
No 83.
No 85.
Entrée
des Otages.
Rue
Haxo.

tait à donner l'ordre d'exécution ; d'un autre côté, un officier fédéré, monté sur un pilastre qui existait au point C du plan, lisait un papier qui, paraît-il, tendait à disculper les otages, lorsqu'une jeune fille de dix-neuf ans [1], cantinière d'un régiment de fédérés, plus impatiente que les autres, s'avança hardiment, le revolver au poing, vers le conseil, et en interpellant insolemment les membres : « Ils n'en finiront donc pas, ces tas de fainéants-là ? tas de lâches, vous n'allez donc pas commencer ? » Puis, revenant sur ses pas, elle avise deux gendarmes qu'on avait amenés en avant, les pousse, les fait entrer dans les terrains vagues désignés au plan, et leur brûle la cervelle à bout portant !... Un troisième qui suivait est renversé d'un coup de feu par un gamin de treize à quatorze ans !!...

Ce fut comme le signal de cette boucherie humaine qui dura environ vingt minutes ; on pousse les otages par un, par deux, par quatre, par dix, suivant la furie des groupes qui les environnent ; ils buttent sur les corps agonisants de leurs camarades ; on les relève à coups de baïonnette et on tire sur eux de tous les côtés ; on les abat soit à coups de fusil, soit à coups de revolver....

Dans leur rage aveugle, ces misérables, sortis des bagnes et des prisons, l'écume de toutes les nations, s'entre-tuent et se blessent entre eux.

Quelques gendarmes, dans leur désespoir, se jettent, mais trop tard, sur leurs assassins. Sans ar-

---

1. Elle fut arrêtée le surlendemain aux buttes Chaumont par l'armée régulière et était coiffée d'une calotte de prêtre ; elle se vanta hautement de son action, et, découvrant sa poitrine : « Fusillez-moi, dit-elle, je sais que je l'ai mérité, mais je suis glorieuse de ce que j'ai fait ! » Rien ne peut faire comprendre une pareille démence.

mes, ils luttent corps à corps avec eux; ils ne veulent pas mourir sans se venger; mais que peuvent-ils faire contre tous ces diables incarnés, acharnés à leur perte?

Cependant ce fut des luttes épiques : les premiers misérables qui se trouvent à portée de leurs coups se sauvent; mais refoulés par la foule qui ne veut pas lâcher sa proie, les femmes et les enfants surtout, ils reviennent à la charge et se ruent tous ensemble sur ces malheureuses victimes qu'ils n'abattent que sous leurs coups multipliés.

Ce fut une scène de carnage horrible, inouïe, qui dépasse toute espèce d'imagination.

Puis ce fut le tour des prêtres et des otages civils : on les fait passer par-dessus les cadavres agonisants des gendarmes éparpillés çà et là; on les adosse au mur et chacun tire à volonté.

Le jeune Alfred Perrard, alors âgé de treize ans, était monté sur le toit du hangar, comme je l'ai dit précédemment; on lui avait dit que son père était parmi les otages, il cherchait à le reconnaître et concentrait toute son attention sur les figures des victimes; aussi son esprit est-il encore frappé de ces tristes souvenirs, et c'est avec terreur qu'il raconte les faits dont il a été le témoin. La plume se refuse à décrire toutes les scènes ignobles et sauvages qui se déroulèrent alors ; les femmes étaient les plus enfiévrées; leur furie ne connaissait plus de bornes.

Ainsi il en vit une, habillée en cantinière, s'acharner après un prêtre, un vieillard qui, dans les convulsions de l'agonie, avait sauté par-dessus les cadavres qui se trouvaient devant lui et était venu s'abattre près du mur d'appui; elle cherchait, de ses mains crispées, à lui arracher la langue; ne pouvant y parvenir, elle fait ses ordures sur la figure de ce martyr!...

Une autre ajuste un prêtre avec son revolver, lorsque celui-ci élevant la main, implore ces tigres à face humaine. Il les supplie d'épargner les pères de famille, gendarmes et civils qui vivaient encore, qu'eux, prêtres, s'offraient en holocauste, et qu'on les fasse mourir seuls.

Cette mégère se précipite sur lui, le pousse contre le mur en lui criant : « J'm'en vais t'en f..... des pères de famille ! » puis lui brûle la cervelle à bout portant.

Je montrai à ce jeune homme, il y a quelque temps, les photographies des prêtres massacrés que j'ai réunies dans un musée de souvenirs historiques [1], et il reconnut parfaitement l'abbé Planchat, saint et vénérable apôtre, aumônier de l'asile Sainte-Anne, directeur du patronage des apprentis, missionnaire lazariste, connu et aimé des quartiers de Belleville, Charonne et Ménilmontant, car il était le père et le protecteur des enfants pauvres de ces quartiers, et certes, ce n'était pas une tâche des moins rudes. Aussi sa perte est-elle pleurée tous les jours par ceux qu'il a protégés et dont il a fait des hommes [2].

M. Lecoq, actuellement fruitier aux Lilas, vit ce jour-là monter la colonne des otages dans la rue de Belleville : il crut distinguer une figure qui lui était

---

1. On peut visiter tous les jours ce musée et la propriété.

2. Une anecdote, que j'ai recueillie il y a quelques jours sur ce saint homme et qui m'a été racontée par un témoin honorable et digne de foi : M. l'abbé Planchat se privait non-seulement de ses vivres pour les donner aux pauvres, mais aussi de ses vêtements ; ainsi lorsque, trois ou quatre fois l'an, on donnait des réceptions dans sa famille, auxquelles il était forcé d'assister, ses parents lui achetaient une soutane neuve; quelques jours après, il reprenait sa soutane râpée : il avait donné la neuve à quelque mère de famille pour habiller ses enfants.

connue parmi les gendarmes : en effet, lorsque plus tard il apprit leurs noms, il se rappela M. Mannoni, avec qui il avait servi dans le même régiment. Puis, après, il vit redescendre cette foule ivre de démence et de sang ; il remarqua parmi elle une femme jeune encore, habillée en cantinière de turcos, tenant à la main une calotte de prêtre remplie de sang et de fragments de cervelle : elle la brandissait comme un trophée, et dit en passant à côté de lui : « Ce b.....-là, j'ai voulu lui arracher la langue ; j'ai jamais pu !... »

Ces paroles, qui m'ont été rapportées par M. Lecoq lui-même, ce jourd'hui 1ᵉʳ avril 1875, sur la fosse où sont tombées les nobles victimes de la terreur de 1871, confirment les dires du jeune Perrard.

D'autres, des enfants, en revenant du massacre, se vantaient, qui d'avoir tué un prêtre, qui d'avoir descendu un gendarme ! (*Sic.*)

Un homme honorable du quartier, M. Drion, entrepreneur de déménagements et gravatier, demeurant boulevard Serrurier, nº 14, près le lac Saint-Fargeau, se trouvant par hasard à passer devant le secteur pour ses affaires, fut entraîné malgré lui par la foule, qui était composée de dix-huit cents à deux mille personnes. Déjà la tuerie était commencée, et en cherchant à s'esquiver, il passa près du lieu du massacre : tous étaient déjà tombés ; il ne put retenir son dégoût et son indignation.

« Quel malheur ! » s'écrie-t-il tout haut. Un jeune homme armé, et coiffé d'un chapeau mou orné de plumes, l'entend, et lui met la main sur l'épaule ; il croit d'abord que quelqu'un de connaissance l'invite à fuir un pareil spectacle, ce qu'il s'apprêtait à faire. Mais point ; on l'entraîne vers le lieu du supplice, déjà il a un pied sur les premiers cadavres, il se retourne, ne perd pas son sang-froid, et, doué d'une force physique au-dessus de la moyenne, il repousse violemment ses agresseurs. « Que me voulez-vous? Pour qui me prenez-vous? — Tu es un sergent de ville de Ménilmontant, lui répond-on ; tu es une canaille, tu vas y passer comme les autres. — Vous en avez menti, s'écrie-t-il ; j'habite le quartier depuis huit ans ; je n'ai pas peur de vous ; vous ne savez ce que vous dites ! » Et toujours il maintenait ces hommes et les contenait.

L'incident fut assez accentué pour être entendu et aperçu de certains chefs de la Commune, malgré le tumulte et le désordre qui régnaient ; ils s'enquérirent de ce qui se passait.

Pendant ces quelques minutes, il vit un officier fédéré, le sabre à la main, monter sur le mur d'appui et crier de cesser le feu, que tout était fini. En effet, tous les corps étaient à terre ; mais cet ordre fut inutile, les assassins tiraient quand même dans le tas ; déjà ivres de vin, ils avaient soif de s'enivrer encore de poudre et de sang.

Sur l'ordre du comité, on fit enfermer Drion dans une chambre d'un des pavillons du secteur et garder à vue par quatre hommes, chassepots chargés.

Puis un officier vint le questionner. Il déclina ses nom et qualité ; mais ils voulaient lui faire avouer quand même qu'il était sergent de ville.

M. Drion a une figure virile et énergique, et ils prétendaient, eux, ces êtres farouches à mines patibulaires, qu'il avait une mauvaise figure ; il ne se déconcerta pas, leur tint tête et leur dit pour la deuxième fois : « Soyez tranquilles, je ne veux pas me sauver quand bien même je saurais que vous devriez me fusiller sur place. Vous ne savez ni ce que vous dites, ni ce que vous faites ; prenez des renseignements sur moi, je ne vous crains pas. »

L'officier sortit, revint quelques minutes après chercher son prisonnier et l'emmena, dans le quartier, toujours escorté de ses quatre hommes de garde, pour prendre des renseignements sur son compte. Ils s'adressèrent justement chez un voisin de M. Drion, établi marchand de vins, qui, l'interpellant par son nom, lui demanda d'où il venait ; il lui raconta en deux mots sa situation, et l'officier fédéré s'informa si M. Drion était réellement ce qu'il prétendait être. Sur la réponse formelle et affirmative du marchand de vins et sur l'offre d'une bouteille que lui fit son prisonnier, il se retourna vers ses hommes qu'il congédia ; ceux-ci s'en allèrent à contre-cœur et en murmurant, n'ayant pas été invités.

En sortant du secteur, M. Drion et son escorte furent croisés par deux officiers fédérés à cheval qui venaient à l'encontre l'un de l'autre. Celui qui arrivait du dehors dit à celui qui sortait du secteur : « C'est fini ! » Parlait-il de la triste hécatombe qui venait d'avoir lieu ou d'une autre scène d'atrocité, incendie ou pillage, commise sur un autre point ? ou de la défection des troupes de la Commune ?

Pendant cette scène sauvage, des gendarmes se voyant perdus, implorèrent quelques-uns de leurs bourreaux pour qu'ils veuillent bien remettre à leurs femmes et à leurs enfants les quelques objets qui leur appartenaient en guise de souvenir. Ils n'eurent même pas cette dernière consolation du condamné à mort, et que les plus cruels et les plus barbares n'ont jamais refusée : leurs objets leur furent pris, et ils furent accablés d'outrages et de paroles les plus cyniques.

Constatons ici un fait en passant : c'est que ces misérables n'étaient forts que par la terreur qu'ils inspiraient et par l'absence presque complète des hommes valides et énergiques de la population parisienne honnête. Cent hommes armés et déterminés auraient mis en fuite un millier de ces coquins, dont les neuf dixièmes au moins n'étaient que féroces et lâches.

Tous les otages étaient couchés à terre, mais plusieurs respiraient encore ; on entendait parfois sortir des gémissements sourds et déchirants. On plaça alors les cadavres en un monceau sur le lieu du massacre, puis, pour faire cesser les cris, on fouilla ces chaires encore palpitantes à coups de baïonnette, et quand les bras furent las, on entendit les clairons résonner, et un feu de peloton mal exécuté fut tiré sur les cadavres ; puis deux autres sonneries, deux autres feux de peloton ; quelques coups de feu isolés tirés avec frénésie ; et, pour comble, des gens en costume d'officier, qu'ils souillaient d'une manière infâme, montèrent sur cette masse sanguinolente et la foulèrent aux pieds !...

Puis tous se précipitèrent pour dépouiller ces nobles victimes : on déchirait les effets à coups de poignard ou de baïonnette ; toutes les poches furent trouvées retournées ; qui prenait une calotte de prêtre, un autre un chapeau ; une femme se coiffait d'un képi de gendarme ; un officier prenait la montre d'un prêtre dont un gamin arrachait la chaîne. « Il n'est rien veinard, » dit un autre qui n'avait pu rien s'approprier. Une femme se parait d'un chapelet en ivoire ; enfin une scène de sauvagerie à faire reculer les peuplades les plus arriérées en civilisation.

Puis tout ce peuple s'éparpille chez les marchands

de vins environnants, forçant à ouvrir ceux qui étaient fermés.

Pendant cette horrible exécution, des fédérés ivres allèrent chez un marchand de vins voisin du secteur. Un de ses camarades l'aidait dans son travail ; ils lui demandent plusieurs brocs de vin qu'il leur refuse ; le pistolet sous la gorge, ils le somment de leur en livrer. Ils ne payent pas et lui font un bon sur leurs officiers ; il les fait accompagner par son ami avec la note ; les citoyens officiers payent en maugréant, et ne peuvent s'empêcher de dire à leurs hommes qu'ils les trouvaient suffisamment ivres comme cela sans songer encore à boire.

C'était ensuite à qui exalterait ses hauts faits : les plus criminels parmi les criminels s'en targuaient comme d'un honneur.

On laisse les corps pendant la nuit sous la garde de quelques fédérés ; les assassins, rouges de sang, vont se laver où ils peuvent, et le quartier redevient tout à fait désert.

Le lendemain, il s'agissait de les ensevelir et de faire disparaître, si faire se pouvait, les traces de ce crime effrayant : ce n'était pas facile.

On essaya de creuser un trou dans la propriété ; mais il le fallait profond, la terre était très-dure ; le temps pressait, on y renonça. Quelqu'un qui, sans doute, connaissait la propriété, se rappela qu'on avait dû creuser un trou destiné à une fosse d'aisances dans les environs du lieu du massacre, mais qu'elle n'avait encore servi à aucun usage : on sonda ; en effet, le monceau de cadavres était directement sur la fosse, qui avait été recouverte du temps du siége pour établir à cet endroit une écurie pour les chevaux du général et de son état-major.

Après s'être orientés, ils enlevèrent les pavés et

les lattes qui recouvraient l'ouverture de la fosse au point P[1] : deux fédérés y descendirent, deux autres prenaient les cadavres par la tête et les pieds et les leur jetaient.

Un capitaine de fédérés chercha dans tout le quartier à se procurer de la chaux, mais partout il trouvait portes closes par la terreur que ces hommes inspiraient. Enfin il en trouva quelques pelletées chez un maçon de la rue du Télégraphe, derrière la rue Haxo ; celui-ci les lui refusa ; il s'en empara d'autorité, fit jeter cette poussière sur les morts, et tous abandonnèrent ce lieu sinistre. Il était temps du reste, l'armée de Versailles approchait.

Le soir de ce même jour, samedi 27 mai, à l'heure à peu près à laquelle, la veille, montait le funèbre cortége des otages, descendait après avoir parcouru presque tout le vingtième arrondissement, une troupe de fédérés armés conduisant quelques centaines de soldats sans armes et criant à tue-tête que l'armée de Versailles venait de se rendre à la Commune. Grande fut l'appréhension des honnêtes gens du quartier. Cinq de ces militaires purent s'esquiver par la rue Levert et se réfugièrent dans la première porte ouverte qu'ils rencontrèrent. Cette porte communiquait au jardin de M. Arnoult, commissaire ordonnateur, et dont le logement donne sur la rue de Belleville, n° 168.

Cet honnête citoyen s'empressa de mettre ces malheureux à l'abri des recherches qu'il supposait qu'on pourrait faire, quoique déjà il avait à veiller à la sûreté des siens, réfugiés dans les caves. Les fédérés voulant sans doute donner du stimulant aux timides

---

1. Ce trou existe toujours, ainsi que la fosse où furent précipités les corps des victimes ; nous conservons aussi religieusement que possible les lieux dans leur état primitif.

et aux timorés criaient : « Vive la Commune! » et paraissaient vouloir fraterniser avec les militaires; mais ceux-ci leur répondaient : « Non ! Vive la République, mais pas vive la Commune! » M. Arnoult, sa dame qui était momentanément remontée des caves et quelques voisins ont vu ces hommes et entendu ces cris.

Le lendemain matin, les troupes régulières occupaient le quartier. M. Arnoult se mit en devoir de reconduire ces cinq militaires à leurs chefs. Il entra d'abord à la mairie où est son poste, pour prendre connaissance de ce qui s'était passé, puis de là à l'église où étaient encore enfermés les camarades de ses protégés; tous l'entourèrent, lui demandant des renseignements, et lui dirent que toute la nuit ils avaient été obsédés par les communards qui voulaient leur faire faire cause commune avec eux et que, sur leurs refus persistants, on les avait menacés de faire sauter l'église et eux avec : ce que ces démoniaques auraient indubitablement accompli, s'ils en avaient eu le temps, se souciant fort peu d'immoler tout un quartier.

Ces militaires confirmèrent ce que les cinq premiers avaient dit à M. Arnoult : qu'ils avaient été faits prisonniers le 18 mars à Montmartre, et que depuis ils avaient été transférés de prison en prison.

Revenons aux otages : des rumeurs circulaient dans le quartier le dimanche 28 au matin; des gens de la valeur du P. Olivaint, du P. Caubert, de l'abbé Planchat et autres, enfin plus de cinquante personnes marquantes à un titre quelconque ne disparaissent pas ainsi sans laisser traces de leur passage. On n'avait que des soupçons, on n'était pas fixé encore sur l'affreuse vérité.

En causant avec les habitants du quartier, M. l'abbé

Rémond, vicaire à Belleville, apprit cependant que des prêtres avaient dû être fusillés rue Haxo; il alla trouver M. Chatelat, président de la fabrique de l'église, et tous deux se dirigèrent, à une heure environ de l'après-midi, vers l'ancien secteur; personne n'avait rien vu ni entendu; nul ne savait ce que l'on voulait dire; la terreur régnait encore; la peur clouait les langues et on craignait des vengeances. Enfin, ils se convainquirent que le crime avait eu lieu au secteur. Munis d'une pelle et d'une pioche, ils creusèrent un peu partout avant de trouver l'endroit; cependant des odeurs cadavériques s'exhalaient près d'eux; ils aperçurent des traces de sang, trouvèrent un bouton de gendarme, puis virent des mouches vertes voltiger en quantité au-dessus de la fosse dont ils ne soupçonnaient pas encore l'existence. M. Chatelat remarqua un petit volet jeté à terre, au point P désigné au plan; il le souleva, et ces messieurs aperçurent les uniformes des gendarmes. Ils furent alors fixés sur le but de leurs recherches.

M. l'abbé Rémond alla prévenir le commandant du poste le plus voisin qui lui donna un factionnaire pour garder ces restes précieux, puis il descendit à la mairie faire son rapport; un officier se chargea d'avoir la permission de relever les cadavres. M. l'abbé insista pour avoir quelques hommes de corvée et ne se retira qu'après s'être assuré du concours de M. Arnoult, ordonnateur des pompes funèbres et que j'ai déjà cité plus haut.

Le lundi vers midi, ces deux messieurs montèrent rue Haxo, l'ordre d'exhumer les cadavres étant parvenu; ils rencontrèrent sur le lieu du sinistre le P. Fournier et le P. Bazin, jésuites, dont le dernier avait été voisin de ma cellule à la Roquette; M. Lauras, chef du contentieux au chemin de fer d'Orléans, et M. le docteur Colombel, parent d'un des prêtres massacrés. Ils attendaient du désinfectant ainsi que les porteurs commandés par **M.** Arnoult, dont le zèle, le dévouement et l'énergie ont été dignes des plus grands éloges pendant tout le temps de cette pénible tâche.

Vers quatre heures, après avoir pris toutes les précautions qu'exigeait la salubrité publique, on commença l'exhumation. Quelques officiers des volontaires de la Seine arrivèrent en ce moment et leur courage fut d'un grand secours.

L'un d'eux, M. Valin, descendit dans la fosse et attacha tous les corps avec des peines inouïes. Pour se faire une idée de cet acte, il faut savoir que la décomposition était fort avancée, que des bras, des jambes se détachaient des troncs, que les chairs s'en allaient en lambeaux, ce qui était occasionné aussi par la multiplicité des blessures dont quelques cadavres étaient atteints ; on constata jusqu'à soixante et une blessures sur celui d'un prêtre, tant d'armes à feu que d'armes blanches !

Plusieurs habitants du quartier prêtèrent la main à cette triste besogne et pleuraient sur ces malheureux martyrs.

Le lieutenant Valin attachait un des cadavres par les pieds et remontait; les officiers et les porteurs prenaient la corde et enlevaient le corps en lui imprimant un mouvement d'oscillation ; on l'étendait sur une toile de tente et on le portait en dehors du mur d'appui : les prêtres d'un côté, les gendarmes de l'autre.

Le docteur Colombel se tint tout le temps à l'ouverture de la fosse pour être plus à portée de donner les secours de son ministère à ceux qui accomplissaient cette difficile opératon.

Les Pères jésuites furent reconnus à leurs robes, ainsi que les autres prêtres, car on ne pouvait reconnaître les cadavres aux figures, qui étaient toutes affreusement mutilées ; ce fut par la marque de leurs bas qu'on put donner un nom à chaque corps.

Parmi les civils, M. Ruault fut enterré sans être reconnu : ce n'est qu'après informations postérieures et précises qu'on sut qu'il avait été tué là et qu'on en informa sa femme six semaines après.

Le corps de M. Largillière était resté caché près du mur, dans une déviation du terrain : ce fut le seul qui, n'ayant pas été aperçu, ne fut pas jeté dans la fosse. Sa femme le trouva et le reconnut le mardi 30.

M. Derest fut reconnu par sa femme ce même jour.

Les veuves des gendarmes mariés eurent grande peine à reconnaître leurs maris, les enfants à reconnaître leurs pères. Ce fut une scène de douleur indescriptible dont auraient été émus les auteurs du massacre eux-mêmes.

Les autres gendarmes furent reconnus peu après par leurs numéros matricules, recueillis avec peine sur leurs vêtements souillés, et procès-verbal de cette triste opération fut dressé par les soins de M. Gitzner, commissaire de police du quartier, délégué à cet effet.

M. Arnoult avait commandé plusieurs cercueils ; les trois Pères, ainsi que le corps du P. Planchat, furent remis ce même jour, lundi 29, à M. Escalle, aumônier du premier corps d'armée, qui assista quelques instants à cette pénible exhumation.

Les corps reconnus furent mis à part et dans les bières qui étaient préparées à l'avance. Les Pères picpussiens furent emmenés le lendemain matin par leur ordre ; puis commença, le lundi 29, l'enterrement des autres cadavres au cimetière de Belleville.

M. Gitzner accompagna le premier convoi avec les officiers des volontaires de la Seine, puis M. l'abbé Rémond et M. Arnould revinrent seuls au secteur pour prendre les autres corps ; ils firent plusieurs de ces funèbres voyages, mais les porteurs étaient fatigués et marchaient lentement ; tous les corps ne purent être mis dans les bières ce jour-là ; ces bières ne pouvaient plus les contenir par suite de leur gonflement ; ce ne fut que le lendemain que ces messieurs purent achever leur triste besogne.

MM. Rémond et Arnoult ne quittèrent le secteur le lundi qu'à minuit avec leurs porteurs, et se firent reconnaître du premier poste, qui les fit accompagner chez eux, car le quartier était rigoureusement gardé par la force armée.

Enfin, le lendemain, M. Arnoult avait commandé plusieurs cercueils extra ; mais à trois heures du soir il n'y avait que dix cercueils assez grands, tant les corps enflaient à vue d'œil. Il était difficile, dangereux même de rester dans les environs.

Enfin, à sept heures du soir, le 30 mai, grâce à l'énergie et à la persévérance de ces braves cœurs, le dernier des corps était descendu dans la fosse !

J'ai dit dans *la Nuit d'un otage* que, le 27, on avait ouvert les portes de la Roquette aux prisonniers de droit commun ; on avait agi ainsi dans toutes les prisons. Ces hommes s'éparpillèrent ensuite dans tous les quartiers pour changer de costumes et s'habiller en gardes nationaux. En effet, deux ou trois jours après l'enlèvement des corps, M. Levesque, en visitant son immeuble, trouva une trentaine de costumes de prisonniers dissimulés derrière des arbustes, et qui ne pouvaient provenir que d'un troc pareil.

Si j'ai tenu à relater ces faits, c'est qu'ayant été otage moi-même, j'ai failli subir les mêmes tortures que les martyrs dont nous déplorons la perte, et que je pourrais maudire la mémoire des assassins. Cependant, je ne veux pas raviver les haines, les colères, ni appeler des représailles de n'importe quel côté. Sorti de la classe ouvrière et ouvrier depuis mon jeune âge, je veux faire comprendre aux ouvriers, mes frères, combien il est facile de les égarer par des paroles subversives de tout ordre social, matériel et moral.

Que le sang de ces nobles victimes soit fécond en enseignements pour nous, travailleurs, et nous inspire à jamais l'horreur de la guerre civile, le crime le plus infâme !

Régénérons-nous pour l'avenir par une conduite régulière et soumise aux lois, car combien avons-nous à faire pour nous relever aux yeux de l'Europe, aux yeux de la terre entière, des excès affreux commis pendant cette période de terreur qui s'est appelée *la Commune !*

S'il y a eu quelques égarés qui, presque tous, ont payé de leur tête la faute qu'ils avaient commise de se trouver en pareille société, combien y avait-il parmi les coupables de gens sans aveu et déclassés, péroreurs de clubs ou de cabarets, des assassins, des voleurs qui, avec l'audace de gens qui n'ont rien à perdre, et rien de plus, ont forcé des gens peureux, mais honnêtes au fond, à prendre part à tous les excès, à tous les brigandages qu'ils ont commis !

Nous ne reverrons pas, je le crois fermement, un pareil malheur ; mais pourquoi nous, honnêtes gens, travailleurs et bourgeois, n'aurions-nous pas aussi l'audace de notre honnêteté ? Pourquoi, forts de notre conscience et de notre bon droit, ne nous rapprocherions-nous pas les uns des autres dans des temps aussi calamiteux, s'ils venaient à se présenter de nouveau, et ne payerions-nous pas d'audace aussi?

Mais que Dieu veuille que l'ère des révolutions soit fermée, et que la France ne sombre pas dans un de ces cataclysmes pareils à ceux qui se sont renouvelés depuis un siècle!

Vive la France!

E. Crépin.

Avril 1875.

DES VICTIMES MASSACRÉES RUE HAXO

Le 26 mai 1871.

Ecclésiastiques.

MM.
R. P. Olivaint, jésuite.
R. P. Caubert, —
R. P. Bengy, —
Radigue, picpussien.
Tuffier, —
Rouchouze, —

MM.
Tardieu, picpussien.
Planchat, aumônier.
Sabatier, prêtre.
Benoît, —
Seigneret, séminariste.

Gardes de Paris et Gendarmes.

MM.
Bermond.
Biolland.
Breton.
Burlotei.
Biancherdini.
Bodin.
Belamy.
Carlotti.
Chapuis.
Cousin.
Colombani.
Coudeville.
Ducros.

MM.
Dupré.
Doublet.
Fischer.
Fourès.
Geanty.
Garodet.
Keller.
Mannoni.
Marchetti.
Marguerite.
Marty.
Mouillie.

MM.
Mougenot.
Millotte.
Poivot.
Paul.
Pons.
Pauly.
Pourteau.
Riolland.
Valder.
Vallette.
Villemin.
Weiss.

Civils.

MM.
Derest.
Largillière.

MM.
Ruault.
Greff.

Ces noms se trouvent inscrits sur un marbre noir érigé sur le lieu du massacre, par M. Crépin, en mémoire de ses compagnons d'infortune, morts victimes de leur foi et de leur fidélité au devoir.

PARIS. — TYPOGRAPHIE LAHURE

Rue de Fleurus, 9